¡Apúntate! 1

Nueva edición

Grammatikheft

¡Apúntate! 1

Grammatikheft

Im Auftrag des Verlages erarbeitet von
Joachim Balser

und der Redaktion Spanisch
Marit Reifenstein

Illustration: Rafael Broseta Gaudisa

Umschlaggestaltung: werkstatt für gebrauchsgrafik, Berlin

Layout und technische Umsetzung: graphitecture book & edition

Umschlagfoto: Corbis/Image Source

www.cornelsen.de

1. Auflage, 7. Druck 2025

Alle Drucke dieser Auflage sind inhaltlich unverändert
und können im Unterricht nebeneinander verwendet werden.

Druck: Athesiadruck GmbH

ISBN 978-3-06-024839-1

Vorwort

¡Hola! Ich bin Pepe
und begleite dich durch dein Grammatikheft.
Du findest hier den gesamten Grammatikstoff
von ¡Apúntate! 1.

Wenn du wissen willst, wo du ein Thema findest, schlägst du im Inhaltsverzeichnis nach.

In jedem Abschnitt findest du auf der linken Seite spanische Beispielsätze bzw. Tabellen, in denen der neue Grammatikstoff fett gedruckt ist. In der rechten Spalte findest du die Erklärung zur neuen Grammatik.

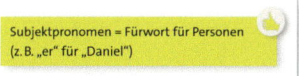

In diesen Kästen findest du die Bedeutung von grammatischen Begriffen.

In diesen Kästen wirst du daran erinnert, dass du so etwas Ähnliches schon aus einer anderen Lektion kennst.

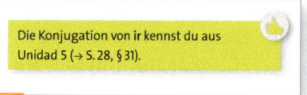

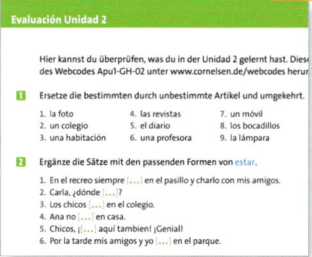

In den orangefarbenen Kästen findest du die Kurzfassung grammatischer Regeln.

In den blauen Kästen kannst du überprüfen, ob du die neue Grammatik verstanden hast. Die Lösungen findest du auf der Seite 48.

Die Rubrik Evaluación gibt es am Ende jeder Unidad. Hier kannst du überprüfen, ob du die Grammatik der Lektion verstanden hast. Du kannst die Aufgaben auch auf www.cornelsen.de/webcodes unter dem angegebenen Webcode herunterladen und entweder direkt am Computer bearbeiten oder ausdrucken. Die Lösungen dazu findest du unter dem Webcode Apu1-GH-08.

Auf den Seiten 41–44 findest du mehrere Übersichten, z. B. zu den Ausspracheregeln und den Verben, die du aus ¡Apúntate! 1 kennst.

Viel Spaß beim Spanischlernen!
Und viel Erfolg natürlich!

Inhaltsverzeichnis

1 Das Substantiv und der bestimmte Artikel | El sustantivo y el artículo determinado ▶ U1 / A, p. 13

	männlich	weiblich
Singular	el chico el recreo el parque el profesor	la chica la cafetería la tarde la información
Plural	los chicos los recreos los parques los profesores	las chicas las cafeterías las tardes las informaciones

los chicos

los chicos

las chicas

– Substantiv = Nomen, Hauptwort (z. B. *Junge, Pause*)
– Singular = Einzahl
– Plural = Mehrzahl
– Vokal = Selbstlaut (a, e, i, o, u)
– Konsonant = Mitlaut (b, c, d, f, ...)

Im Spanischen enden die männlichen Substantive im Singular oft auf **-o**, die weiblichen oft auf **-a**.
Im Plural hängst du bei Substantiven, die auf einen Vokal enden, ein **-s** an.
Bei Substantiven, die auf einen Konsonanten enden, hängst du **-es** an.

> Im Spanischen gibt es nur männliche und weibliche Substantive.

Substantive stehen meist mit Begleitern, z. B. mit dem bestimmten Artikel.
Bei männlichen Substantiven lauten die bestimmten Artikel **el** im Singular und **los** im Plural.
Bei weiblichen Substantiven lauten sie **la** im Singular und **las** im Plural. **Las** benutzt du, wenn es um mehrere <u>weibliche</u> Personen oder Dinge geht.
Beide Pluralartikel werden mit „die" übersetzt.

> Der männliche Pluralartikel **los** wird auch für gemischte Gruppen verwendet!

Oft haben Substantive im Spanischen und im Deutschen ein anderes Geschlecht.

🇪🇸	🇩🇪
el recreo la tarde	*die Pause* *der Nachmittag*

> Lerne die Substantive immer zusammen mit dem Artikel!

Bilde den Plural dieser Substantive und setze die passenden Artikel davor. ▶ soluciones, p. 48
1. la cafetería, **2.** el chico, **3.** la clase, **4.** el profesor, **5.** la tarde, **6.** el parque

2 Das Verb ser | El verbo ser ▶ U1/A, p. 13; B, p. 17

Infinitiv			ser	
Singular	1.	Hola,	**soy**	Julia.
	2.	Mateo, ¿	**eres**	de Alicante?
	3.	¿Quién	**es**	ella?
Plural	1.	Ana y yo	**somos**	amigos.
	2.	Chicos, ¿	**sois**	de España?
	3.	Paco y Diego	**son**	amigos.

Verb = Tätigkeitswort

Um im Spanischen „ich bin", „du bist" usw. zu sagen, verwendest du häufig das unregelmäßige Verb **ser**.

Lerne alle Formen von **ser** auswendig!

Kreise die richtige Form von **ser** ein. ▶ soluciones, p. 48
1. Natalia (soy / es / sois) la profesora de Inglés.
2. Los chicos (eres / soy / son) de Valencia.
3. Anton, ¿(eres / sois / es) de Berlín? –No, (soy / somos / sois) de Hamburgo.
4. Chicos, ¿(eres / soy / sois) Rafa y Raúl? –No, (somos / sois / son) Mario y Manuel.

3 Die Subjektpronomen | Los pronombres de sujeto ▶ U1/A, p. 13; B, p. 17

		männlich	weiblich	
Singular	1.	**Yo**		soy Julia.
	2.	**Tú**		eres Nico, ¿verdad?
	3.	**Él**	**Ella**	es de Alicante.
Plural	1.	**Nosotros**	**Nosotras**	somos de Valencia.
	2.	**Vosotros**	**Vosotras**	sois de España, ¿verdad?
	3.	**Ellos**	**Ellas**	son de Alemania.

Subjektpronomen = Fürwort für Personen (z. B. „er" für „Daniel")

Alle spanischen Subjektpronomen, außer **yo** und **tú**, haben eine männliche und eine weibliche Form.

nosotras
vosotras
ellas

nosotros
vosotros
ellos

nosotros
vosotros
ellos

Die männlichen Pluralformen verwendest du bei männlichen und gemischten Gruppen, die weibliche nur für rein weibliche Gruppen.

Soy Julia.
Ich bin Julia.
Somos amigos.
Wir sind Freunde.

Anders als im Deutschen stehen die Verben meist ohne Subjektpronomen.

1. ¿Qué tal? —Muy bien, ¿y **tú**?
2. ¿Quién es **él**? —Es Raúl, el nuevo en la clase.
3. **Yo** soy de Madrid y **ella** es de Barcelona.

Hier brauchst du die Subjektpronomen:
1. wenn kein Verb dabei steht,
2. wenn du auf jemanden hinweisen willst und
3. wenn du einen Unterschied zwischen Personen betonen möchtest.

¿Tú eres Paco?

No, yo soy José. Paco es él.

Él es de Alicante y ella es de Valencia.
Er ist aus Alicante und sie ist aus Valencia.
El profesor de Inglés es de Alicante.
Der Englischlehrer ist aus Alicante.

Das Subjektpronomen **él** hat einen Akzent, der bestimmte Artikel **el** hat keinen.

Setze die passenden Subjektpronomen ein. ▶ soluciones, p. 48
1. Chico, ¿[•••] eres Nico, ¿verdad? —No, [•••] soy Alejandro.
2. ¿Esta es la profesora de Español? —¿[•••]? No, es la profesora de Inglés.
3. Chicas, ¿[•••] sois las nuevas de la clase? —Sí, [•••] somos Daniela y Alicia.
4. ¿Quiénes son [•••]? —Son Antonio y Andrés.

4 Die Verben auf **-ar** | Los verbos en **-ar** ▶ U1/A, p. 13

		estudiar	
[yo]	A veces	estudi**o**	por la tarde.
[tú]	Daniel, ¿	estudi**as**	hoy?
[él/ella]	Ana	estudi**a**	en casa.
[nosotros/-as]	Tomas y yo	estudi**amos**	español.
[vosotros/-as]	Chicos, ¿	estudi**áis**	?
[ellos/ellas]	Nico y Ana	estudi**an**	por la tarde.

konjugieren = das Verb an die Person anpassen (beugen)

Um zu sagen, wer etwas tut, musst du ein Verb konjugieren. Das heißt, du musst an den Verbstamm (hier: **estudi-**) die zur Person passende Endung anhängen.
Die Endungen für die spanischen Verben auf **-ar** lauten: **-o, -as, -a, -amos, -áis, -an**.

Estudio español.
Ich lerne Spanisch.
¿Hablas inglés?
Sprichst du Englisch?
Quedamos con los amigos.
Wir verabreden uns mit den Freunden.

Im Spanischen erkennst du an der Endung jeder einzelnen Verbform, um welche Person es sich handelt. Deshalb muss davor kein Subjektpronomen stehen.

Konjugiere die Verben in den Sätzen. ▶ soluciones, p. 48
1. [tú] *Chatear* con los amigos.
2. [vosotros] *Estudiar* en clase.
3. [yo] *Buscar* información.
4. [nosotros] *Escuchar* música.
5. [él] *Hablar* con la profesora.
6. [ellas] *Quedar* por la tarde.

1

5 Die Fragewörter ¿de dónde?, ¿quién/quiénes? und ¿cómo? | Los pronombres interrogativos ¿de dónde?, ¿quién/quiénes? y ¿cómo? ▶ U1/A, p. 13; B, p. 17

Florian, ¿de dónde eres? –Soy de Berlín.
Florian, woher bist du? – Ich bin aus Berlin.

Mit dem Fragepronomen **¿de dónde?** („woher?") fragst du nach der Herkunft.

¿Quién es el chico? –Es Paco.
Wer ist der Junge? – Das ist Paco.
¿Quiénes son los chicos? –Son Diego y Paco.
Wer sind die Jungen? – Das sind Diego und Paco.

Wenn du nach einer Person fragst, brauchst du das Fragepronomen **¿quién?**.
Wenn du nach mehreren Personen fragst, brauchst du das Fragepronomen **¿quiénes?**.
Beide Pronomen übersetzt du mit „wer?".

¿Quién es el chico y de dónde es?
Wer ist der Junge und woher ist er?

Alle spanischen Fragewörter tragen einen Akzent!

¿Quién es el chico? Es Paco.

¿Quiénes son los chicos? Son Diego, Paco y Pedro.

Setze die richtigen Fragepronomen ein. ▶ soluciones, p. 48
1. ¿[...] son los chicos? –Son Alejandro y Mateo.
2. ¿[...] eres? –Soy de Hamburgo.
3. ¿[...] es María? –Es de Madrid.
4. ¿[...] es la chica? –Es Natalia, es la nueva de la clase.

Hier kannst du überprüfen, was du in der Unidad 1 gelernt hast. Diese Aufgaben kannst du mithilfe des Webcodes Apu1-GH-01 unter www.cornelsen.de/webcodes herunterladen und ausfüllen.

1 a Gib zu den folgenden Substantiven an, ob sie männlich oder weiblich sind und ob sie im Singular oder im Plural stehen.

1. chicas   **2.** profesor   **3.** música   **4.** tardes   **5.** parques   **6.** información

b Setze vor die Substantive den jeweils passenden bestimmten Artikel.

2 a Finde die Formen des Verbs ser in der Wortschlange.

     e s s o n s o y s o i s e r e s s o m o s

b Setze in die folgenden Sätze die jeweils passende Form von ser ein.

1. Chicos, ¿[...] de Valencia, ¿verdad?
2. Nico [...] un chico genial.
3. ¿Cómo te llamas y de dónde [...]?
4. Ana, ¿[...] de Argentina? –No, [...] de México.
5. Carmen y Teresa [...] profesoras de Inglés.

3 a Finde für die sechs Bilder jeweils das passende Subjektpronomen.

b Ergänze die passenden Subjektpronomen.

1. ¿Quién es [...]? –Pues, es mi madre.
2. [...] somos de Valencia, ¿y [...]? –[...] soy de Potsdam.
3. ¿Y [...]? ¿Quiénes son? –Son Carla y Noelia.
4. [...] sois los amigos de Julio, ¿verdad?

4 Ergänze die Sätze mit den passenden konjugierten Formen von buscar, quedar oder hablar.

1. Mateo [...] la cafetería.
2. Chico, tú [...] alemán, ¿verdad?
3. Mateo [...] con Julio en el parque.
4. Las chicas [...] la información en Internet.
5. Ana y yo [...] alemán y español.
6. A veces [...] / yo] con los amigos en la cafetería.

5 a Ergänze die Sätze mit den Fragepronomen ¿quién?, ¿quiénes? und ¿de dónde?.

1. ¿[...] es el chico?   **2.** ¿[...] sois? ¿De Madrid?   **3.** ¿[...] son las chicas?

b Übersetze die Fragen ins Deutsche.

6 Der unbestimmte Artikel | El artículo indeterminado ▶ U2 / ¡Acércate!, p. 26

	männlich	weiblich
Singular	un chico un móvil un rincón	una chica una heladería una clase
Plural	chicos móviles rincones	chicas heladerías clases

Die spanischen unbestimmten Artikel **un/una** („ein/eine") brauchst du, wenn du von unbestimmten Dingen sprichst:

un chico = „ein (irgendein) Junge"

¿Quién es? –Es **una chica** de mi clase.
*Wer ist das? – Das ist **ein Mädchen** aus meiner Klasse.*
¿Quiénes son? –Son **chicas** de mi clase.
*Wer ist das? – Das sind **Mädchen** aus meiner Klasse.*

Im Spanischen verwendest du den unbestimmten Artikel wie im Deutschen.

Setze den unbestimmten Artikel dort ein, wo er benötigt wird. ▶ soluciones, p. 48
1. Pablo es [...] chico de mi colegio.
2. ¿Qué es? –Es [...] mochila.
3. ¿Quiénes son? –Son [...] chicos de mi clase.
4. Laura lee [...] revista.
5. En la cafetería hay [...] alumnos y profesores.
6. Alejandra escucha [...] cedé.

7 Die Verbform hay | La forma verbal hay ▶ U2 / ¡Acércate!, p. 26

En mi rincón favorito **hay** un sillón.
*In meiner Lieblingsecke **gibt es** einen Sessel / **befindet sich** / **ist** ein Sessel.*
¿**Hay** bocadillos? –No, **no hay**.
***Gibt es** belegte Brötchen? – Nein, **es gibt keine**.*

Die Verbform **hay** kannst du auf Deutsch oft mit „es gibt", häufig aber auch mit „befindet sich" oder einfach „ist" wiedergeben.

Hay wird nie mit dem bestimmten Artikel zusammen verwendet.

¿Hay zumo?

No, no hay.

8 Das Verb estar | El verbo estar ▶ U2 / A, p. 29

		estar	
[yo]	Ahora	**estoy**	en el colegio.
[tú]	¿Dónde	**estás**	?
[él/ella]	Madrid	**está**	en España.
[nosotros/-as]	Oye, Ana,	**estamos**	en la cafetería.
[vosotros/-as]	¿No	**estáis**	en casa?
[ellos/ellas]	Los alumnos	**est**á**n**	en el pasillo.

Los chicos **están** en el colegio.
*Die Kinder **sind** in der Schule.*
Valencia **está** en España.
*Valencia **liegt** (= ist) in Spanien.*
¿Dónde **está** el baño?
*Wo **befindet sich** (= ist) das Bad?*

Du brauchst das Verb **estar**, um anzugeben, wo sich eine bestimmte Person oder Sache befindet. Man kann es auf Deutsch mit „sich befinden" oder „liegen" oder einfach nur mit „sein" wiedergeben.
Beim Verb **estar** ist die erste Person Singular unregelmäßig.

> ¡! Alle Formen von **estar**, außer **estoy** und **estamos**, tragen einen Akzent!

Bilde die richtige Form von **estar**. ▶ soluciones, p. 48
1. Paloma hoy no [...] en el colegio.
2. Gabriel, ¿dónde [...]?
3. Mi compañero y yo [...] en clase.
4. Los cuadernos [...] en la mesa.
5. Chicos, ¿hoy por la tarde [...] en el parque?
6. Oye, yo [...] aquí. –¿Dónde?

9 Der Gebrauch von hay und estar | El uso de hay y estar ▶ U2 / A, p. 29

En mi habitación **hay** un escritorio.
*In meinem Zimmer **gibt es** einen Schreibtisch.*
El escritorio **está** al lado de la cama.
*Der Schreibtisch **befindet sich** neben dem Bett.*
¿**Hay** zumo? –Sí, el zumo **está** en la cocina.
*Gibt es Saft? – Ja, der Saft ist / **befindet sich** in der Küche.*

Das Verb **hay** verwendest du mit Substantiven, bei denen der unbestimmte Artikel (**un**, **una**) oder gar kein Begleiter steht.
Das Verb **estar** verwendest du mit Substantiven, bei denen der bestimmte Artikel (**el**, **la**, **los**, **las**) oder eine Besitzbezeichnung (**mi**, **mis** ...) steht.

> Was **mi** und **mis** bedeutet, lernst du in Unidad 3 (→ S. 19, § 18).

Ergänze mit **hay** oder der richtigen Form von **estar**. ▶ soluciones, p. 48
1. En este cedé [...] música fenomenal.
2. En el recreo los chicos [...] en la cafetería.
3. Mi libro [...] en la mesa.
4. En la mesa [...] libros.

10   Der zusammengezogene Artikel del | El artículo contracto del   ▶ U2 / A, p. 29

Los chicos hablan **del** profesor de Español.
*Die Kinder reden **vom** Spanischlehrer.*
Los chicos hablan **de la** profesora de Inglés.
*Die Kinder reden **von der** Englischlehrerin.*

Wenn **de** vor dem bestimmten Artikel **el** steht, musst du beide zu **del** verbinden.
Steht **de** vor dem bestimmten Artikel **la**, ändert sich nichts.

De oder **del**? Schreibe die Wortgruppen richtig auf.   ▶ soluciones, p. 48
1. el estuche / de / el profesor
2. la casa / de / la amiga
3. el escritorio / de / Pablo
4. el diario / de / el chico
5. la profesora / de / Inglés
6. el horario / de / el amigo

11   Die Präpositionen des Ortes | Las preposiciones de lugar   ▶ U2 / A, p. 29

La heladería está **al lado de** mi casa.
*Die Eisdiele befindet sich **neben** meinem Haus.*
Delante de la cafetería hay una plaza.
***Vor** dem Café gibt es einen Platz.*
El parque está **detrás del** colegio.
*Der Park liegt **hinter** der Schule.*
¿Dónde está mi libro? —**Debajo de** las revistas.
*Wo ist mein Buch? – **Unter** den Zeitschriften*
El móvil está **encima del** libro, **en** el escritorio.
*Das Handy liegt **auf** dem Buch, **auf** dem Schreibtisch.*
Pablo busca el móvil **en** la mochila, **entre** los cuadernos.
*Pablo sucht das Handy **im** Rucksack, **zwischen** den Heften.*

Um zu sagen, wo sich etwas befindet, brauchst du die Präpositionen des Ortes. Die meisten werden mit der Präposition **de** verbunden.

Achte auch hier auf die Verschmelzung von **de** mit **el**, z. B. bei **debajo del** sillón!

Nur die Präpositionen **en** und **entre** stehen ohne **de**.

Übersetze.   ▶ soluciones, p. 48
1. im Regal
2. zwischen den Büchern
3. vor dem Schreibtisch
4. hinter dem Kiosk
5. unter den Heften
6. neben dem Haus

12 **Die Fragewörter ¿dónde? und ¿qué?** | Los pronombres interrogativos ¿dónde? y ¿qué?
▶ U2 / A, p. 29; B, p. 33

¿**Dónde** vives? –Vivo en Madrid.
Wo wohnst du? – Ich wohne in Madrid.
¿**Qué** lees? –Un libro.
Was liest du? – Ein Buch.
¿**Qué** libro lees?
Was für ein Buch liest du?

Das Fragewort ¿**dónde?** wird genauso wie das deutsche „wo?" verwendet.
Das Fragewort ¿**qué?** entspricht dem deutschen „was?", wenn es bei einem Verb steht.
Wenn ¿**qué?** bei einem Substantiv steht, gibst du es auf Deutsch mit „was für ein/e?" wieder.

Denke auch bei diesen Fragewörtern an den Akzent!

13 **Die Verben auf -er und -ir** | Los verbos en -er e -ir   ▶ U2 / B, p. 33

	comer	**abrir**
	essen	*öffnen*
[yo]	com**o**	abr**o**
[tú]	com**es**	abr**es**
[él/ella]	com**e**	abr**e**
[nosotros/-as]	com**emos**	abr**imos**
[vosotros/-as]	com**éis**	abr**ís**
[ellos/ellas]	com**en**	abr**en**

Die Endungen der Verben auf -**er** lauten: -**o**, -**es**, -**e**, -**emos**, -**éis**, -**en**.
Die Verben auf -**ir** haben die Endungen: -**o**, -**es**, -**e**, -**imos**, -**ís**, -**en**.
Beide Verbgruppen unterscheiden sich also nur in der ersten und zweiten Person Plural.

Bilde die richtigen Formen der Verben.   ▶ soluciones, p. 48
1. discutir [nosotros]
2. comer [yo]
3. leer [vosotras]
4. compartir [ellas]
5. beber [tú]
6. abrir [él]
7. esconder [vosotros]
8. escribir [tú]

14 Das Verb ver | El verbo ver ▶ U2 / A, p. 29

	ver *sehen*
[yo]	**veo**
[tú]	**ves**
[él/ella]	**ve**
[nosotros/-as]	**vemos**
[vosotros/-as]	**ve̲is**
[ellos/ellas]	**ven**

Die erste Person Singular von **ver** lautet **veo**.

Die zweite Person Plural trägt kein Akzent-zeichen.

¿**Ves** la tele? –No, **veo** vídeos.
Siehst du fern? – Nein, ich sehe Videos.

15 Die Verneinung mit no | La negación con no ▶ U2 / A, p. 29

¿Eres Daniela? –**No**, soy Carla.
Bist du Daniela? – Nein, ich bin Carla.
¿Vives en Madrid? –**No**, **no** vivo en Madrid.
Wohnst du in Madrid? – Nein, ich wohne nicht in Madrid.
Oscar **no** estudia español.
Oscar lernt kein Spanisch.

OSCAR NO ESTUDIA

OSCAR LERNT NICHT

Wenn **no** allein steht, entspricht es dem deutschen „nein".
Steht **no** vor einem Verb, entspricht es dem deutschen „nicht".
Wenn auf dieses Verb noch ein Objekt folgt, kannst du **no** meistens mit dem deutschen „kein/e" wiedergeben.

No („nicht") steht im Spanischen immer **vor** dem konjugierten Verb!

Übersetze. ▶ soluciones, p. 48
1. Nein, ich bin nicht Lucía.
2. Pascual lernt nicht.
3. Lars lernt kein Spanisch.
4. Nein, Emilio ist nicht hier.

17 Das Verb tener | El verbo tener ▶ U3 / A, p. 51

		tener *haben*	
[yo]		**Tengo**	un conejo.
[tú]	Sergio, ¿	**tie**nes	una hermana?
[él/ella]	Nuria	tiene	doce años.
[nosotros/-as]	En mi casa	tenemos	dos perros.
[vosotros/-as]	Y vosotros, ¿	tenéis	mascotas?
[ellos/ellas]	Mis abuelos	**tie**nen	una granja.

Tenéis mascotas? —Sí, **tenemos** conejos y un gato.
*Habt ihr Haustiere? – Ja, wir **haben** Kaninchen und eine Katze.*

Das Verb **tener** wird fast genauso wie das Verb **querer** konjugiert.
Auch hier wird der Stammvokal -**e**- zu -**ie**-.
Zusätzlich ist bei **tener** aber die erste Person Singular unregelmäßig.

❗ ¿Cuántos años **tienes**? —**Tengo** 13 años.
*Wie alt **bist du**? – **Ich bin** 13 Jahre alt.*

Im Spanischen brauchst du das Verb **tener** („haben"), um zu sagen, wie alt du bist. **ℹ!**

Tengo 13 años.

Ich bin 13.

Ergänze mit den passenden Formen von **tener**. ▶ soluciones, p. 48
1. Esteban [...] una mascota.
2. Los chicos no [...] sus libros.
3. Eva y Elena, ¿[...] un lugar favorito?
4. Manuel, ¿no [...] tu cuaderno?
5. Mis padres y yo [...] un perro.
6. Laura: Profe, [...] un problema.

18 Die Possessivbegleiter mi/s, tu/s, su/s | Los determinantes posesivos mi/s, tu/s, su/s ▶ U3 / A, p. 51

Singular		Plural	
mi	bocadillo tableta	**mis**	bocadillos tabletas
tu	bocadillo tableta	**tus**	bocadillos tabletas
su	bocadillo tableta	**sus**	bocadillos tabletas

Possessivbegleiter = besitzanzeigende Fürwörter („mein/e", „dein/e", „sein/e" ...)

Um zu sagen, was einer Person gehört, brauchst du die Possessivbegleiter im Singular. Diese musst du an die Anzahl des Bezugswortes anpassen.
Bei einem Bezugswort im Singular lauten sie:
– **mi** =„mein/e"
– **tu** = „dein/e"
– **su** = „sein/e" oder „ihr/e".
Bei einem Bezugswort im Plural lauten sie:
– **mis** = „meine"
– **tus** = „deine"
– **sus** = „seine" oder „ihre".

¿Es tu gato?

No, ellos son mis gatos.

Übersetze ins Spanische. ▶ soluciones, p. 48
1. meine Oma
2. seine Kaninchen
3. deine Haustiere
4. sein Dorf
5. meine Cousinen
6. deine Katze

19 Die Adverbien también und tampoco | Los adverbios también y tampoco ▶ U3 / ¡Acércate!, p. 48

Ya **no** quiero estudiar. —Yo **tampoco**.
*Ich möchte **nicht** mehr lernen. – Ich **auch nicht**.*
Tomo un zumo en la cafetería. —Yo **también**.
*Ich trinke einen Saft in der Cafeteria. – Ich **auch**.*

Adverb = Umstandswort (z. B. auch, sogar)

Für die deutsche Wendung „auch nicht" gibt es im Spanischen ein eigenes Wort: **tampoco**.
Das deutsche „auch" gibst du im Spanischen mit **también** wieder.

No quiero ver el vídeo.

Yo tampoco.

20 Die Adjektive | Los adjetivos ▶ U3 / A, p. 51; B, p. 55

	männlich	weiblich
Singular	un perro tranquil**o** un perro grande un perro fiel	una mascota tranquil**a** una mascota grande una mascota fiel
Plural	dos perros tranquil**os** perros grande**s** perro fiel**es**	dos mascotas tranquil**as** dos mascotas grande**s** dos mascotas fiel**es**

Adjektive auf **-o** können vier mögliche Endungen haben:
– im Singular **-o** für männliche Bezugswörter und **-a** für weibliche,
– im Plural **-os** für männliche und **-as** für weibliche Bezugswörter.
Adjektive, die auf **-e** oder einen Konsonanten enden, sind bei männlichen und weiblichen Bezugswörtern gleich. Im Plural haben sie die Endungen **-s** (bei Adjektiven auf **-e**) oder **-es**.

Mateo tiene dos <u>gatos</u> **pequeños**.
*Mateo hat zwei **kleine** <u>Katzen</u>.*
Son **pequeños**, pero son muy **inteligentes**.
*Sie sind **klein**, aber sie sind sehr **intelligent**.*

> Adjektiv = Eigenschaftswort, das ein Substantiv beschreibt (z. B. groß, klein ...)

Im Spanischen stehen die Adjektive fast immer hinter dem Bezugswort (Substantiv). Sie passen ihre Endung an das Bezugswort an.

Passe die Adjektive ihrem Bezugswort an. ▶ soluciones, p. 48
1. dos perros / divertido
2. una profesora / estricto
3. casas / grande
4. las clases / difícil
5. la plaza / precioso
6. una amiga / fenomenal

21 Das Fragewort ¿por qué? und die Konjunktion porque | El pronombre interrogativo ¿por qué? y la conjunción porque ▶ U3 / B, p. 55

¿Por qué no tienes animales?

Porque soy alérgico.

Das deutsche „warum?" gibst du im Spanischen mit **¿por qué?** wieder.
Die Begründung darauf beginnst du mit **porque** („weil").

> Verwechsele nicht **¿por qué?** (warum?) und **porque** (weil)!

—Chicos, **¿por qué** discutís?
*Jungs, **warum** streitet ihr?*
—**Porque** Pablo no quiere compartir.
Weil Pablo nicht teilen will.

Hier kannst du überprüfen, was du in der Unidad 3 gelernt hast. Diese Aufgaben kannst du mithilfe des Webcodes Apu1-GH-03 unter www.cornelsen.de/webcodes herunterladen und ausfüllen.

1 Ergänze die Sätze mit den passenden Formen von tener.

1. En mi casa mi hermano y yo [...] dos conejillos de Indias: Sancho y Pancho.
2. Chicos, ¿por qué no [...] vuestros libros aquí?
3. Jorge [...] dos primos. Viven en Madrid.
4. Y tú, ¿cuántos años [...]? –[...] doce años.
5. Mis tíos [...] animales: dos caballos, gallinas y Rufus, el perro.

2 Ergänze die Sätze mit den passenden Formen von querer.

1. ¿[...] / tú un gato o un conejo? –[...] tener un gato.
2. Chicos, ¿[...] ver los animales?
3. Hoy los chicos no [...] estudiar.
4. Ana y Cristina, ¿[...] galletas? –Sí, por favor.
5. Mi hermana pequeña a veces no [...] practicar el fútbol.

3 a Bilde den Plural.

1. un perro divertido
2. mi mascota inteligente
3. el parque tranquilo
4. la casa bonita
5. el ejercicio difícil

b Bilde die weibliche Form.

1. el hermano pequeño
2. los primos divertidos
3. el chico pesado
4. los profesores estrictos
5. los alumnos inteligentes

c Ergänze die Adjektive mit der richtigen Endung:

Vivir con mi familia no siempre es fá[...] porque es muy gran[...]. Tengo tres hermanos un poco pesa[...] y una hermana peque[...]. Ella es ma[...] pero siempre esconde mis cosas – ¡No es diver[...]! Mis padres a veces son un poco estric[...], pero mi abuela siempre es tran[...] y cariñ[...].

4 Vervollständige die Sätze mit den passenden Elementen aus dem Kasten.

tus primos	su casa	mis galletas	mi habitación	tus cosas
	sus problemas	mi conejo	mis revistas	

1. Este es Renato, es [...].
2. Chico, ¿dónde están [...]?
3. Aquí vive mi abuela. Es [...].
4. ¿Dónde están [...]? –¿No están en la estantería?
5. Los chicos hablan de [...].
6. ¿Qué haces? ¿Por qué comes [...]?
7. ¿Y los chicos en la foto? ¿Son [...]?
8. Estoy en [...].

5 Ergänze die richtigen Fragewörter und finde zu jeder Frage die passende Antwort.

1. ¿[...] está mi móvil?
2. ¿[...] es la chica de la foto?
3. ¿[...] no quieres tener conejos?
4. ¿[...] hay en la habitación?
5. ¿[...] eres?

a. Soy de Valencia.
b. Una cama, un armario y un sillón.
c. Seguro que está en tu mochila.
d. Es mi prima.
e. Porque son aburridos.

22 Das Modalverb tener que | El verbo modal tener que ▶U4/B, p.71

> **Tengo que** <u>buscar</u> mi mochila.
> *Ich **muss** meinen Rucksack <u>suchen</u>.*
> Hoy no **tenemos que** <u>estudiar</u> mucho.
> *Heute **müssen** wir nicht viel <u>lernen</u>.*

Das deutsche Verb „müssen" wird im Spanischen wiedergegeben durch: **tener que** + Infinitiv. Dazu musst du **tener** konjugieren. Das Vollverb (z. B. **buscar**) steht aber immer im Infinitiv.

23 Weitere Diphthongverben e → ie | Más verbos con cambio de vocal e → ie ▶U4/A, p.67

> Las clases **empiezan** a las ocho y media.
> *Der Unterricht **beginnt** um halb neun.*
> El portero **cierra** la puerta del instituto.
> *Der Pförtner **schließt** die Schultür.*

Die Verben **empezar** und **cerrar** werden wie das Verb **querer** (→ S.17) konjugiert. Sie haben einen Stammvokalwechsel von -**e**- zu -**ie**-.

– empezar: emp**ie**zo, emp**ie**zas, emp**ie**za, empezamos, empezáis, emp**ie**zan
– cerrar: c**ie**rro, c**ie**rras, c**ie**rra, cerramos, cerráis, c**ie**rran

24 Die Possessivbegleiter im Plural | Los determinantes posesivos en plural ▶U4/¡Acércate!, p.64; A, p.67

Singular		Plural	
nuestro nuestra *(unser/e)*		nuestros nuestras *(unsere)*	
vuestro vuestra *(euer/eure)*	grupo mascota	vuestros vuestras *(eure)*	grupos mascotas
su *(ihr/e)*		sus *(ihr/e)*	

In der Unidad 3 (→ S.19, § 18) hast du schon die Possessivbegleiter mit einem Besitzer kennengelernt.

Um zu sagen, was mehreren Personen gehört, brauchst du die Possessivbegleiter im Plural. Diese musst du an die Anzahl des Bezugswortes anpassen (Singular oder Plural). Die Possessivbegleiter **nuestro/-a** und **vuestro/-a** musst du auch an das Geschlecht des Bezugswortes anpassen. (→ Adjektive, S.20)

¿Son vuestros perros?

No, son sus perros.

Passe die Possessivbegleiter an ihr Bezugswort an. ▶soluciones, p.48
1. nuestro/-a / profesores
2. su / libros
3. vuestro/-a / amiga
4. su / bocadillo
5. nuestro/-a / casa
6. vuestro/-a / primos

25 Die Uhrzeit │ La hora ▶ M3, p. 62

Es la una / **Son las** dos...

en punto

... **menos** cinco — ... **y** cinco
... **menos** diez — ... **y** diez
... **menos** cuarto — cuarto ← 9 — 3 → cuarto — ... **y** cuarto
... **menos** veinte — ... **y** veinte
... **menos** veinticinco — ... **y** veinticinco

menos — y

media — ... **y** media

¿**Qué hora** es? –**Son** las dos. / **Es la** una.
*Wie spät ist es? – **Es ist** zwei Uhr. / **Es ist** ein Uhr.*
¿**A qué hora** empieza la clase? –**A las** ocho.
*Um wieviel Uhr beginnt der Unterricht? – **Um** acht Uhr.*
Son las tres **en punto**.
*Es ist **Punkt** drei Uhr.*

Die Antwort auf die Frage ¿**Qué hora es?** („Wie viel Uhr ist es?") beginnt im Spanischen im Plural: **Son las dos / las tres / las cuatro ...** („Es ist zwei, drei, vier ... Uhr"). Nur bei „Es ist ein Uhr." verwendest du den Singular: **Es la una.**
Du kannst zur vollen Stunde noch **en punto** („Punkt") sagen.

¿**A qué hora** termina el recreo? –**A la una y media.**
*Um wieviel Uhr endet die Pause? – **Um halb zwei.***
¿**A qué hora** cierra el instituto? –**A las cinco menos cuarto.**
*Um wieviel Uhr schließt die Schule? – **Um viertel vor fünf.***

Auf die Frage ¿**A qué hora ...?** (Um wie viel Uhr ...?) antwortet man mit **a**: **A la una, a las dos ...**
Die Minuten werden bis „halb" mit **y** angefügt: **Es la una y media** (1:30 h / 13:30 h).
Nach „halb" zieht man die Minuten mit **menos** von der folgenden Stunde ab: **A las dos menos cuarto** (1:45 h / 13:45 h).

¿A qué hora quedamos?

A las tres y media.

Gib die folgenden Uhrzeiten auf Spanisch in Worten an. ▶ soluciones, p. 48
1. Es ist 08:45.   **3.** Es ist 13:10.   **5.** Um 18:00.
2. Um 11:30.   **4.** Es ist 15:50.   **6.** Es ist 21:25.

26 Die Zeitangaben | Los indicadores temporales ▶ M3, p. 62; U4 / A, p. 67

—Las clases de baile empiezan a las siete.
Der Tanzkurs beginnt um sieben Uhr.
—¿A las siete **de la mañana** o **de la tarde**?
*Um sieben Uhr **morgens** oder **abends**?*

Son las siete de la mañana.

Um die Tageszeit anzugeben, hängst du an die Uhrzeit folgende Zeitangaben an:
– **de la mañana** (morgens/vormittags bis 14:00)
– **de la tarde** (nachmittags/abends, nach 14:00 Uhr bis zum Sonnenuntergang) oder
– **de la noche** (abends/nachts).

—¿Cuándo tienes clase de baile?
Wann hast du Tanzkurs?
—**De** lunes a miércoles.
Von Montag bis Mittwoch.
—¿Y a qué hora?
Und um wieviel Uhr?
—**Desde** las cuatro **hasta** las cinco de la tarde.
Von vier bis fünf Uhr nachmittags.

Wenn du ohne Angabe der Uhrzeit sagen möchtest, was du zu einer Tageszeit tust, verwendest du: **por la mañana** (morgens/vormittags), **por la tarde** (nachmittags/abends), **por la noche** (abends/nachts).
Um Zeiträume anzugeben, verwendest du
– bei Uhrzeiten **desde… hasta**
– und bei anderen Zeitangaben **de… a**.

—¿Siempre comes aquí?
Isst du immmer hier?
—**Los** viernes no, porque no tengo clases por la tarde.
Freitags nicht, da habe ich nachmittags keinen Unterricht.
—Yo tampoco… entonces ¿quedamos **el viernes**?
Ich auch nicht. Treffen wir uns also diesen Freitag?

Todos los sábados veo una peli.

Wenn du sagen willst, dass du an bestimmten Wochentagen etwas tust, verwendest du
– **los** + Wochentag, z. B. **los viernes** (freitags / jeden Freitag), wenn die Handlung regelmäßig jede Woche stattfindet oder
– **el** + Wochentag, z. B. **el viernes** (am / an diesem Freitag), wenn du nur einen ganz bestimmten Tag meinst.

Ergänze die richtigen spanischen Zeitangaben. ▶ soluciones, p. 48
1. (*Von Dienstag bis Donnerstag*) estoy en Madrid.
2. Oye, ¿quedamos (*um fünf Uhr nachmittags*)?
3. (*Abends*) mis abuelos ven la tele.
4. Hoy tenemos clase (*von 8:30 Uhr bis 14:00 Uhr*).
5. (*Freitags*) salgo con mis amigos.
6. (*Am Mittwoch*) es el cumpleaños de Raúl.

27 Das Fragewort ¿cuánto? | El pronombre interrogativo ¿cuánto? ▶ U4 / B, p. 71

	männlich	weiblich
Singular	**¿cuánto** tiempo? *Wie viel Zeit?*	**¿cuánta** información? *Wie viel Information?*
Plural	**¿cuántos** animales? *Wie viele Tiere?*	**¿cuántas** personas? *Wie viele Personen?*

Wenn du nach der Menge oder Anzahl von Dingen oder Personen fragen willst, brauchst du das Fragewort **¿cuánto?** („wie viele"). Du musst seine Endung an das Bezugswort angleichen (z. B. **¿cuántos animales?**).

> Die Endungen von **¿cuánto?** sind die gleichen wie bei den Adjektiven auf **-o**! (→ S. 20, § 20)

¿Cuántos alumnos hay en esta clase?

Treinta y cinco, profe.

Setze die passenden Formen von **¿cuánto?** vor die folgenden Substantive. ▶ soluciones, p. 48

1. [...] amigos
2. [...] música
3. [...] zumo
4. [...] profesores
5. [...] tardes
6. [...] suerte

28 Das Verb salir | El verbo salir ▶ U4 / A, p. 67

		salir	
[yo]	Hoy no	**salgo**	de casa.
[tú]	¿No	sales	con tus amigos?
[él/ella]	El profesor	sale	del aula.
[nosotros/-as]	¿Por qué no	salimos	?
[vosotros/-as]	¿A qué hora	salís	del instituto?
[ellos/ellas]	Los chicos	salen	a la calle.

Beim Verb **salir** ist die erste Person Singular unregelmäßig.
Wenn du sagen willst, welchen Ort du verlässt, benutze immer die Präposition **de** (**salir del instituto** = „die Schule verlassen").

Denke an die Verschmelzung von **de** + **el** zu **del**!

Ana **sale** del aula.
*Ana **verlässt** den Klassenraum.*
Hoy Pedro **sale** con sus amigos.
*Heute **geht** Pedro mit seinen Freunden **aus**.*
¿**Salimos** a la calle?
***Gehen** wir **raus** auf die Straße?*

Beachte die unterschiedlichen Bedeutungen von **salir**!

Ergänze mit den passenden Formen von **salir**. ▶ soluciones, p. 48
1. Ana y Julia [...] a la calle.
2. Los viernes yo siempre [...] con mis amigos.
3. Los chicos [...] del gimnasio.
4. Chicas, ¿[...] mucho?
5. Mi hermano y yo no [...] hoy.
6. Alejandra [...] de casa.

29 Die Demonstrativbegleiter und -pronomen | Los determinantes y los pronombres demostrativos
▶ U4 / B, p. 71

	männlich	weiblich
Singular	est**e** libro	est**a** cas**a**
	es**e** libro	es**a** cas**a**
Plural	est**os** libro**s**	est**as** cas**as**
	es**os** libro**s**	es**as** cas**as**

ESTE

ESE

Demonstrativbegleiter und -pronomen = hinweisendes Fürwort („dieser/diese")

Wenn du auf bestimmte Dinge oder Personen hinweisen willst, brauchst du die Demonstrativbegleiter bzw. -pronomen.
Este, **esta**, **estos**, **estas** brauchst du für Dinge, die in deiner Nähe sind (z. B. „dieser hier").
Ese, **esa**, **esos**, **esas** benutzt du für Dinge, die sich weiter weg bzw. bei der Person, mit der du sprichst, befinden (z. B. „dieser da").
Bei beiden Demonstrativbegleitern musst du die Endungen an ihr Bezugswort anpassen.

Estos <u>libros</u> son muy interesantes, pero **esos** no.
Diese <u>Bücher</u> *(hier) sind sehr interessant, aber **diese** (da) nicht.*

¿Esas revistas son de Javi?

No, estas.

Demonstrativ<u>begleiter</u> stehen vor einem Substantiv (z. B. **estos libros**).
Demonstrativ<u>pronomen</u> ersetzen ein Substantiv (z. B. **esos** für **esos libros**).

Übersetze. ▶ soluciones, p. 48
1. diese Stühle (da, bei dir)
2. diese Katze (hier, bei mir)
3. diese Hunde (da, bei dir)
4. dieses Tagebuch (da, bei dir)
5. diese Rucksäcke (hier, bei mir)
6. dieser Kugelschreiber (hier, bei mir)

Hier kannst du überprüfen, was du in der Unidad 4 gelernt hast. Diese Aufgaben kannst du mithilfe des Webcodes Apu1-GH-04 unter www.cornelsen.de/webcodes herunterladen und ausfüllen.

1 Setze die passenden Possessivbegleiter ein.

1. La profesora: Chicos, ¿dónde están [...] cosas?
2. Ana y Lili: Carmen es [...] profesora de Inglés.
3. Los alumnos hacen [...] deberes.
4. Chicos, ¿[...] profesora no está aquí?
5. El profesor: Mateo, ¿dónde tienes [...] libros?
6. Chicas, ¿este perro aquí es [...] mascota?
7. ¿Quién es la chica de la foto? –Nico: Es [...] tía.
8. Los chicos: Profe, ¿tienes [...] examen?

2 Gib die folgenden Uhrzeiten in Worten an.

Ejemplo: 14:15 → Son las dos y cuarto de la tarde.

1. 08:30
2. 11:00
3. 16:15
4. 18:20
5. 05:45
6. 13:10
7. 22:40
8. 22:15

3 Ergänze die Zeitangaben auf Spanisch.

1. *(Montags)* tenemos clase *(von acht Uhr morgens bis vier Uhr nachmittags)*.
2. *(Von Montag bis Freitag)* Andrés vive con su madre, pero *(von Samstag bis Sonntag)* está con su padre.
3. Quedo con mis amigos *(am Donnerstag um drei Uhr nachmittags)*.
4. *(Vormittas)* tenemos clases, pero *(nachmittags)* tenemos tiempo libre.
5. *(Dienstags)* tengo clase de baile *(nach dem Unterricht)*.
6. *(Abends)* chateo o veo la tele.

4 Ergänze mit der passenden Form des Fragewortes ¿cuánto?.

1. ¿[...] tiempo necesitas?
2. ¿[...] galletas quieres comer?
3. ¿[...] libros hay en la estantería?
4. ¿[...] gente vive en tu casa?
5. ¿[...] primos tienes?
6. ¿[...] chicas hay en tu clase?

5 a Ergänze mit der passenden Form des Verbs salir.

1. Los chicos [...] de casa.
2. Mis amigos y yo [...] mañana.
3. Chicos, ¿por qué no [...] con nosotros?
4. El profesor [...] del colegio.
5. Antonio, ¿no [...] esta noche?
6. ¡Hoy yo no [...] de casa!

b Sortiere die Verbstämme und die Endungen zu jeweils drei korrekten Verbformen.

1. o / sal / habl / go / áis / com
2. sal / éis / est / ís / ten / ás
3. escrib / ten / charl / go / es / an
4. llev / éis / beb / sal / amos / imos

6 Ergänze die passende Form der Demonstrativbegleiter este und ese.

1. ¿Quieres [...] bocadillo aquí o [...] galletas allí?
2. ¿De qué chicas hablas? ¿De [...] chicas allí delante del colegio?
3. ¿Necesitas [...] libros aquí o [...] libros de la estantería?
4. ¿[...] cuadernos y [...] revistas aquí son tus cosas?

30 Das Fragewort ¿adónde? | El pronombre interrogativo ¿adónde? ▶ U5 / A, p. 89

Luisa, **¿adónde** vas? –Voy a la plaza.
Luisa, wohin gehst du? – Ich gehe zum Platz.

¿Adónde vas?

Voy a la cama.

Wenn du fragen willst, wohin jemand geht oder fährt, brauchst du das Fragewort **¿adónde?**. Anders als **¿de dónde?** wird es als ein Wort geschrieben.

Achte auf das Akzentzeichen!

31 Das Verb ir | El verbo ir ▶ U5 / A, p. 89

		ir	
[yo]	Ahora	**voy**	a la heladería.
[tú]	¿Javi,	**vas**	con nosotros?
[él/ella]	María	**va**	a casa.
[nosotros/-as]	¿Por qué no	**vamos**	al parque?
[vosotros/-as]	¿A qué hora	**vais**	al instituto?
[ellos/ellas]	Mis amigos	**van**	a la playa.

Alle Formen von **ir** sind unregelmäßig.
Der Ort, an den man geht, wird mit der Präposition **a** angeschlossen: **Voy a la heladería.**

Lerne alle Formen von **ir** auswendig.

Ahora **voy** a casa.
*Ich **gehe** jetzt nach Hause.*
¿Vamos a Madrid?
***Fahren** wir nach Madrid?*
Ricardo **va** a Chile.
*Ricardo **fliegt** nach Chile.*

¿Vamos a Berlín?

Auf Deutsch kann **ir** „gehen", aber auch „fahren" oder „fliegen" bedeuten.

Ergänze mit den passenden Formen von **ir**. ▶ soluciones, p. 48
1. Mario, ¿[...] a la plaza también?
2. Elena [...] a la heladería, pero yo no [...].
3. Chicos, ¿[...] a la playa mañana?
4. Mis padres y yo [...] a Alemania.
5. Los abuelos [...] al parque.

32 Der zusammengezogene Artikel **al** | El artículo contracto **al**   ▶ U5 / A, p. 89

Vamos **a la** heladería y después vamos **al** parque.
*Wir gehen **zur** Eisdiele, und danach gehen wir **zum** Park.*

Du kennst schon die Verschmelzung:
de + el = del.

Wenn nach der Präposition **a** der Artikel **el** stehen soll, verschmelzen **a** und **el** zu **al**.

Bei **a casa** (*nach Hause*) und **a clase** (*zum Unterricht*) steht kein Artikel.

Setze **a** und den passenden Artikel vor die folgenden Substantive.   ▶ soluciones, p. 48

1. teatro
2. fiesta
3. gimnasio
4. habitación
5. salón
6. trabajo

33 Das Verb **hacer** | El verbo **hacer**   ▶ M4, p. 84

		hacer	
[yo]	Los jueves	**hago**	un curso.
[tú]	Luis, ¿qué	haces	ahora?
[él/ella]	Mi amigo	hace	una fiesta.
[nosotros/-as]	Hoy no	hacemos	deporte.
[vosotros/-as]	¿Por qué no	hacéis	una piñata?
[ellos/ellas]	Ana y lea	hacen	un vídeo.

Du kennst bereits das Verb **salir** mit der unregelmäßigen ersten Person Singular **salgo** (→ S. 25, § 28).

Beim Verb **hacer** ist die erste Person Singular unregelmäßig: **hago**.

¿Qué **haces** después de clases?
*Was **machst** du nach dem Unterricht?*
Hago un vídeo con mis amigos.
*Ich **mache** (drehe) einen Film mit meinen Freunden.*
Ana **hace** una fiesta.
*Ana **macht** (veranstaltet) eine Party.*

Im Deutschen entspricht **hacer** den Verben „machen" und „tun".

Ergänze mit den passenden Formen von **hacer**.   ▶ soluciones, p. 48

1. Mis padres [...] un curso de Inglés.
2. Mañana [.../yo] una fiesta.
3. Mis amigos y yo [...] deporte.
4. ¿Por qué no [.../tú] la cama por la mañana?
5. Pablo [...] una piñata.
6. ¿Qué [.../vosotros] por la tarde?

34 Diphthongverben o → ue | Verbos con cambio de vocal o → ue ▶ U5 / A, p. 89

		poder *können*	
[yo]	Hoy no	puedo	salir.
[tú]	Manu, ¿	puedes	hablar?
[él/ella]	Paco no	puede	ver la tele.
[nosotros/-as]	Esta tarde	podemos	ir a la playa.
[vosotros/-as]	¿Por qué no	podéis	salir?
[ellos/ellas]	Los chicos	pueden	salir hoy.

Wenn du **poder** konjugierst, ändert sich im Singular und in der dritten Person Plural der Stammvokal von **o** zu **ue**.

Hoy no **puedo** <u>hacer</u> deporte.
*Heute **kann** ich keinen Sport <u>machen</u>.*
Andrés y Javi **pueden** <u>ver</u> la tele hasta las diez.
*Andrés und Javi **dürfen** bis zehn Uhr abends <u>fernsehen</u>.*

Du kennst schon das Diphthongverb **querer** (wollen).

Poder kann manchmal auch „dürfen" bedeuten.

Pablo siempre **cuenta** historias divertidas.
*Pablo **erzählt** immer witzige Geschichten.*
Ana y Mateo **encuentran a** sus amigos en la plaza.
*Ana und Mateo **treffen** ihre Freunde auf dem Platz.*
¿No **encuentras** tu libro?
***Findest** du dein Buch nicht?*

Bei der Konjugation von **encontrar** („treffen" oder „finden") und **contar** („erzählen") ändert sich der Stammvokal wie bei **poder**:
– enc**ue**ntro, enc**ue**ntras, enc**ue**ntra, encontramos, encontráis, enc**ue**ntran
– c**ue**nto, c**ue**ntas, c**ue**nta, contamos, contáis, c**ue**ntan

¡No puedo encontrar mis gafas!

encontrar algo = etwas finden
encontrar a alguien = jemanden treffen

Es gibt noch mehr solcher Verben. Im Vokabelverzeichnis sind sie mit (**o** → **ue**) markiert.

Ergänze mit den richtigen Formen von **encontrar**, **contar** bzw. **poder**. ▶ soluciones, p. 48
1. Luisa no [...] su libro.
2. Marta y tú, ¿[...] ir a la tienda?
3. Chico, ¿por qué no [...] tus cosas?
4. Pablo y Teresa [...] una historia.
5. Mi amigo y yo no [...] ir a la plaza.
6. Hoy yo [...] ir a la playa, pero mi hermano no.
7. Los chicos [...] a sus amigos en el parque.
8. Ana, ¿no [...] tu estuche?

35   Die Präposition **a** bei Personen | La preposición **a** con personas   ▶ **U5 / B, p. 93**

¿**A quién** buscas? –A **Julia**. *Wen suchst du? – Julia.* ¿No ves a **Julia**? *Siehst du Julia nicht?*	Wenn in einem Satz das Akkusativobjekt eine Person ist, muss vor der Person die Präposition **a** stehen.

¿Qué buscas? –Busco mi móvil. *Was suchst du? – Ich suche mein Handy.*	Wenn das Objekt eine Sache ist, steht davor kein **a**.

> Das Akkusativobjekt erfragst du mit „wen?" oder „was?".

Setze die Präposition **a** dort ein, wo es nötig ist.   ▶ soluciones, p. 48
1. Busco [...] mi libro.
2. Pablo llama [...] sus padres.
3. No encuentro [...] Miguel y Eva.
4. Los chicos buscan [...] sus amigos.

36   Das Verb **gustar** | El verbo **gustar**   ▶ **M4, p. 84**

Me *Mir*	**gusta** *gefällt*	el deporte. *(der) Sport.* cantar. *(es zu) singen.*
Te *Dir* Le *Ihm/Ihr*	**gustan** *gefallen*	las mascotas. *(die) Haustiere.* los museos. *(die) Museen.*

Wenn du sagen willst, dass dir etwas gefällt bzw. du etwas magst oder gern tust, brauchst du das Verb **gustar**.
In der Regel verwendest du nur zwei Formen: **gusta** und **gustan**.
Gustar funktioniert genauso wie das deutsche „gefallen" (mir/dir/… gefällt etwas). Das heißt, nach der Form von **gustar** folgt das Subjekt. Wenn das Subjekt im Singular steht oder der Infinitiv eines Verbs ist (z. B. **cantar**), verwendest du **gusta**. Steht das Subjekt im Plural, verwendest du **gustan**.

> Ein Subjekt erfragst du mit „wer?" oder „was?".

Vor **gusta** oder **gustan** stehen entweder **me** („mir"), **te** („dir") oder **le** („ihm" oder „ihr").

37 Die betonten Personalpronomen mit a (a mí, a ti, a él/ella) | Los pronombres personales tónicos con a
(a mí, a ti, a él/ella) ▶ M4, p. 84

A mí me gusta este libro. ¿Y **a ti**? —**A mí** también.
Mir gefällt dieses Buch. Und dir? – Mir auch.

¿**A ti** te gusta la fiesta?

A mí me gusta mucho. ¿Y **a ti**?

A mí también. Pero **a ella** no le gusta.

Du brauchst die betonten Personalpronomen, wenn du besonders betonen willst, von welcher Person die Rede ist.
Die Formen im Singular lauten dann: **a mí**, **a ti**, **a él** und **a ella**.

mí	mit Akzent!
ti	ohne Akzent!

¡i!

Ergänze mit **me**, **te** bzw. **le** und der passenden Form von **gustar**. ▶ soluciones, p. 48
1. A mí [...] [...] los perros.
2. A mi abuela no [...] [...] esta música.
3. ¿A ti [...] [...] los recreos?
4. A él [...] [...] leer libros interesantes.

Hier kannst du überprüfen, was du in der Unidad 5 gelernt hast. Diese Aufgaben kannst du mithilfe des Webcodes Apu1-GH-05 unter www.cornelsen.de/webcodes herunterladen und ausfüllen.

1 Ergänze mit den passenden Fragewörtern.

1. ¿[...] eres? –Soy de Stuttgart.
2. ¿[...] vais al cine? –A las ocho y media.
3. ¿[...] está mi perro? –Está allí, en la calle.
4. ¿[...] hacemos ahora? –¿Vamos a la playa?
5. ¿[...] vais después del colegio? –Vamos al parque.
6. ¿[...] chicos van a la fiesta? –Nueve o diez.
7. ¿[...] no sales? –Porque no quiero.
8. ¿[...] tiempo tenemos? –Tenéis cinco minutos.

2 Ergänze die Sätze auf Spanisch. Achte auf die Verbindung von a und de mit el.

1. Mario escribe *(dem Großvater)*.
2. Quedamos a las tres *(nachmittags)*.
3. ¿Por qué no preguntamos *(den Lehrer)*?
4. Los padres buscan *(Anas Bruder)*.
5. Los chicos salen *(aus der Schule)*.
6. Susana busca *(ihre Schwester)*.
7. Es el móvil *(des Lehrers)*.
8. Mañana vamos *(an den Strand)*.

3 Ergänze mit den passenden Formen von hacer.

1. Alicia, ¿qué [...] esta noche?
2. Mi amigo y yo [...] una fiesta el sábado.
3. Los alumnos [...] un concierto.
4. Chicos, ¿por qué no [...] vuestros deberes?
5. Mi abuela [...] galletas geniales.
6. Carlos, ¿qué [...] después del colegio?
   –Pues, [...] deporte.

4 Bilde die passende Form der Verben.

1. Emilio no *(jugar)* con Pablo.
2. Ay, no *(encontrar)* mi móvil. ¿Dónde está?
3. Chicos, ahora no *(poder / vosotros)* salir del aula.
4. Mateo y Ana *(contar)* de la fiesta.
5. Las chicas *(jugar)* al fútbol.
6. Nico no *(encontrar)* sus cosas.
7. Hoy yo no *(poder)* estudiar mucho.
8. La abuela *(contar)* de su pueblo.

5 Ergänze die Sätze mit dem jeweiligen bestimmten Artikel und, wenn nötig, mit der Präposition a. Achte auf die Verbindung von a mit el.

1. Los chicos buscan [...] hermano de Luis.
2. Por la noche veo [...] tele.
3. Los chicos no ven [...] profesora.
4. Laura y Luisa miran [...] fotos.
5. Los abuelos miran [...] gente en la calle.
6. Carlos llama [...] tíos.
7. No encuentro [...] libro.
8. Ana encuentra [...] amigo de Nico en la calle.

6 a Vervollständige mit me, te oder le und mit gusta oder gustan.

1. Pablo, ¿no [...] [...] los bocadillos?
2. A mí [...] [...] jugar al fútbol.
3. Eva, ¿[...] [...] ir a la playa? –Sí, mucho.
4. A Jorge [...] [...] las galletas de la abuela.
5. Nuria, ¿[...] [...] esta película? –No, no [...] [...].
6. A Daniel [...] [...] chatear con sus amigos.

b Bilde Sätze.

1. mí / las clases / mucho / a / no / gustan / me
2. quedar con sus amigos / le / Nico / en el parque / a / gusta
3. a / jugar con su mascota / gusta / le / ella
4. los bocadillos de mi mamá / gustan / mí / a / me

5

38 Die Begleiter mucho und poco | Los determinantes mucho y poco ▶ U6 / ¡Acércate!, p. 100

		männlich		weiblich	
Singular	mucho poco	trabajo	mucha poca	música
Plural	muchos pocos	libros	muchas pocas	tiendas

Paco tiene **mucho** trabajo, pero **poco** tiempo.
*Paco hat **viel** Arbeit, aber **wenig** Zeit.*
En Valencia hay **muchas** calles bonitas.
*In Valencia gibt es **viele** schöne Straßen.*
❗ Hay **mucha** gente aquí.
*Es gibt **viele** Leute hier.*

Die Begleiter **mucho/-a** („viel/e") und **poco/-a** („wenig/e") werden – wie Adjektive und Demonstrativbegleiter – an ihr Bezugswort (Substantiv) angepasst. Sie stehen <u>vor</u> dem Bezugswort.

> Begleiter (z. B. **mucho/-a**) stehen immer <u>vor</u> dem Bezugswort, Adjektive (z. B. **bonito/-a**) dahinter.

> Das spanische Wort für „Leute" gibt es nur im Singular: **la gente**.

Passe die Begleiter und Adjektive an ihr Bezugswort an. ▶ soluciones, p. 48
1. (*mucho*) música
2. (*poco*) zumo
3. (*poco*) días
4. (*poco*) libros
5. (*mucho*) dinero
6. (*poco*) problemas
7. (*mucho*) mascotas (divertido)
8. (*poco*) foto (interesante)

39 Der Imperativ | El imperativo ▶ U6 / A, p. 103; B, p. 107

Infinitiv	[tú]	[vosotros/-as]
ordenar	ordena	ordenad
leer	lee	leed
escribir	escribe	escribid
cerrar (e → ie)	cierra	cerrad
dormir (o → ue)	duerme	dormid
seguir (e → i)	sigue	seguid

> Imperativ = Befehlsform

Wenn du <u>eine</u> Person zu etwas aufforderst, nimmst du die Imperativform von **tú**. Diese entspricht der 3. Person Singular des Verbs. Wenn du <u>mehrere</u> Personen zu etwas aufforderst, nimmst du die Imperativform von **vosotros** und ersetzt das **r** am Ende des Infinitivs durch ein **d**.

> Denke beim Imperativ Singular an den Stammvokalwechsel bei **cerrar**, **seguir** und **dormir**.

¡Ordenad la habitación!

Infinitiv	❗ [tú]	[vosotros/-as]
venir	**ven**	venid
salir	**sal**	salid
hacer	**haz**	haced
tener	**ten**	tened

Einige Imperative sind in der Singularform unregelmäßig, aber im Plural wieder regelmäßig.

Lerne die unregelmäßigen Imperativformen auswendig.

¡Ven!

Setze die Sätze in den Singular. ▶ soluciones, p. 48
1. Buscad a Ana.
2. Venid a mi fiesta.
3. Haced los deberes.
4. Salid de aquí.
5. Encontrad el perro.
6. Cerrad la puerta.

---

40 Das Verb seguir mit Vokaländerung e → i | El verbo seguir con cambio de vocal e → i ▶ U6 / A, p. 103

		seguir	
[yo]	Aquí	**sigo**	la calle.
[tú]	Ana, ¿	sigues	con el curso?
[él/ella]	Elena	sigue	todo recto.
[nosotros/-as]	Ahora	seguimos	¿vale?
[vosotros/-as]	¿Por qué no	seguís	?
[ellos/ellas]	Los alumnos	siguen	al profe.

Tienes que **seguir** todo recto.
Du musst geradeaus weitergehen.
¿**Seguimos** con la clase?
Machen wir mit dem Unterricht weiter?
Sigo la historia de mi padre.
Ich folge der Geschichte meines Vaters.

Du kennst bereits die Verben mit Stammvokaländerung von **e** zu **ie**, z. B. **cerrar: cierro, cierras, cierra**, … und von **o** zu **ue**, z. B. **poder: puedo, puedes, puede** …

Das Verb **seguir** kannst du auf Deutsch mit „weitermachen/-gehen", „fortfahren" oder „folgen" wiedergeben.
Im Singular und in der dritten Person Plural ändert sich der Stammvokal von **e** zu **i**. Außerdem ist die erste Person Singular unregelmäßig.

Ergänze die Sätze mit den richtigen Formen von **seguir**. ▶ soluciones, p. 48
1. Los chicos [...] la calle.
2. El profesor [...] con la clase.
3. ¿Ahora [vosotros] [...] con el trabajo?
4. Hoy por la tarde [nosotros] [...].

41 Das Verb venir (e → ie) | El verbo venir (e → ie) ▶ U6 / B, p. 107

		venir	
[yo]	Ahora	**vengo**	del colegio.
[tú]	Paco, ¿no	vienes	con nosotros?
[él/ella]	Eva	viene	a la fiesta.
[nosotros/-as]	Oye,	venimos	a la una, ¿vale?
[vosotros/-as]	¿Por qué no	venís	también?
[ellos/ellas]	Los alumnos	vienen	del recreo.

Vengo de casa.
*Ich **komme** von zu Hause.*
Paco **viene** con sus amigos.
*Paco **kommt** mit seinen Freunden **mit**.*

¿**Vienes** a la fiesta? –Sí, **voy** a las siete.
*Kommst du zur Party? – Ja, ich **komme** um sieben Uhr.*

Der Stammvokalwechsel von **e** zu **ie** kennst du schon vom Verb **cerrar** (→ S. 22, § 23).

Beim Verb **venir** („kommen") ändert sich der Stammvokal von **e** zu **ie**. Außerdem ist die erste Person Singular unregelmäßig.

Wenn du jemanden zu dir rufst, verwendest du das Verb **venir**:
¿**Vienes?** („Kommst du?")
Wenn du sagst, dass du auf dem Weg zu jemandem bist, benutzt du aber das Verb **ir**:
Voy. („Ich komme.")

Ergänze mit der richtigen Form von **venir** bzw. von **ir**. ▶ soluciones, p. 48
1. Los chicos [...] de la plaza.
2. Julia, ya estoy en la plaza. ¿[...] también?
3. Juana, ¿de dónde [...]? –[...] de la plaza.
4. Los domingos Nico [...] al cine.

Hier kannst du überprüfen, was du in der Unidad 6 gelernt hast. Diese Aufgaben kannst du mithilfe des Webcodes Apu1-GH-06 unter www.cornelsen.de/webcodes herunterladen und ausfüllen.

1 a Ergänze auf Spanisch und achte auf die richtige Form von mucho.

1. El lunes tenemos (viele Unterrichtsfächer).
2. Ana hace (viel Sport).
3. En el cine hay (viele Filme).
4. Pablo tiene (viele Probleme).
5. En la calle hay (viele Gebäude).
6. (Viele Leute) va a la playa.
7. Los chicos tienen (viel Hunger).
8. Hoy los amigos tienen (viel Zeit).

b Ersetze in den Sätzen aus 1a mucho durch die passenden Formen von poco.

2 Ergänze auf Spanisch.

1. En mi barrio hay (viele schöne Straßen).
2. Hoy tenemos (wenige interessante Unterrichts-stunden).
3. En su granja mi abuela tiene (viele lustige Tiere).
4. En el centro hay (wenige alte Gebäude).
5. En mi colegio no hay (viele strenge Lehrer).
6. Hoy tenemos (wenige schwierige Hausaufgaben).

3 Setze die passenden Formen von seguir ein.

1. Ana […] todo recto.
2. Chicos, ¿por qué no […]?
3. Eva y Laura […] a sus amigas.
4. Nico […] con los deberes.
5. Chicos, mañana […] / nosotros] con la clase.
6. Abuelo, ¿no […] con la historia?
   –No, […] mañana.

4 Ergänze mit den passenden Formen von venir.

1. Daniel, ¿de dónde […]? –[…] del colegio.
2. La gente […] del estadio.
3. ¿Mateo también […] a la playa?
   –No, él no puede […].
4. Amigos, ¿[…] a mi fiesta? – Claro, […].
5. Mañana no puedo […] a tu casa.
6. Los abuelos […] el sábado.

5 Ergänze auf Spanisch.

1. Ahora Juan (biegt rechts ab).
2. Después los chicos (kommen bei der Schule an).
3. Mira, primero (überquerst du den Platz).
4. Chicos, tenéis que (geradeaus weitergehen).
5. No podéis (den Bus nehmen).
6. Entonces (nehmen wir die U-Bahn).

6 a Bilde Imperative, die sich an eine Person richten.

1. ordenar la habitación
2. hacer los deberes
3. leer el mensaje
4. tener cuidado
5. jugar al fútbol
6. salir de casa
7. cruzar la plaza
8. contar la historia
9. beber mucho zumo
10. seguir todo recto

b Bilde mit den Verben aus 6a Imperative, die sich an mehrere Personen richten.

42 Das unmittelbare Futur | El futuro inmediato ▶ U7 / ¡Acércate!, p. 114

¿Qué **vas a hacer** por la tarde?
*Was **wirst** du heute Nachmittag **machen**?*
Mi abuela **va a llegar** a las cuatro.
*Meine Großmutter **wird** um vier Uhr **ankommen**.*
Te **voy a escribir** una postal.
*Ich **werde** dir eine Postkarte **schreiben**.*
Hoy **no vamos a ir** al cine.
*Heute **werden** wir **nicht** ins Kino **gehen**.*

Die Konjugation von **ir** kennst du aus Unidad 5 (→ S. 28, § 31).

Wenn du über die nahe Zukunft sprechen willst, benutzt du das unmittelbare Futur.
Du bildest es mit einer konjugierten Form von **ir**, der Präposition **a** und einem Infinitiv.
Bei der Verneinung steht **no** vor der konjugierten Form von **ir**.

Ir a + Infinitiv stehen immer zusammen, es kann nichts dazwischen stehen.

¿Qué vas a hacer por la tarde?

Voy a ir al polideportivo.

Übertrage die Sätze vom Präsens ins unmittelbare Futur. ▶ soluciones, p. 48
1. Mis amigos y yo salimos por la noche.
2. ¿Por qué estudias alemán?
3. Laura no viene a la fiesta.
4. Te llamo después del colegio.
5. Los chicos quedan en la plaza.
6. ¿En las vacaciones vais a un campamento?

43 Die Konjunktion cuando | La conjunción cuando ▶ U7 / A, p. 117

Cuando estoy en la plaza siempre compro un helado.
Wenn ich auf dem Platz bin, kaufe ich immer ein Eis.

Mit der Konjunktion **cuando** kannst du zwei Handlungen verbinden, die normalerweise zeitgleich geschehen, z. B. **estar en la plaza / comprar un helado** („auf dem Platz sein" / „ein Eis kaufen").
Auf Deutsch kannst du **cuando** mit „immer wenn" wiedergeben.

Im Spanischen werden Nebensätze nicht durch ein Komma vom Hauptsatz abgetrennt.

¡No puedo escuchar música cuando hago mis deberes!

Bilde aus je zwei Sätzen einen sinnvollen Satz mit **cuando**. ▶ soluciones, p. 48
1. Las vacaciones empiezan. Vamos al pueblo de mis tíos.
2. Estoy en el pueblo. Quedo con mis primos en la plaza.
3. Hace mal tiempo. Quedamos en la cafetería de la plaza.
4. Hace sol. Paso la tarde en la playa.

44 Der Relativsatz mit que | La oración relativa con que ▶ U7 / A, p. 117

Tengo una tía **que** es profesora de Inglés.
*Ich habe eine Tante, **die** Englischlehrerin ist.*
¿Quién es la chica **que** canta? –Es Nuria.
*Wer ist das Mädchen, **das** singt? – Das ist Nuria.*
Paco tiene un perro **que** no quiere salir.
*Paco hat einen Hund, **der** nicht rausgehen will.*

Das Relativpronomen **que** brauchst du, um eine Person oder eine Sache (z. B. **Tengo una tía**) genauer zu beschreiben (**que es profesora de Inglés.**).
Es entspricht den deutschen Relativpronomen „der", „die" oder „das".

Bilde sinnvolle Sätze mit dem Relativpronomen **que**. ▶ soluciones, p. 48
1. Ana / *tener* una abuela / *vivir* en una granja. → Ana tiene una abuela **que**...
2. Diego / *ser* un chico / *leer* mucho.
3. Valencia / *ser* ciudad en España / *tener* muchos museos.
4. El Retiro / *ser* parque / *estar* en Madrid.

45 Die Zeitadverbien primero, luego, después und al final | Los adverbios temporales primero, luego, después y al final ▶ U7 / A, p. 117

Primero veo la tele y **luego** leo un libro.
Zuerst sehe ich fern und später lese ich ein Buch.
Después voy al polideportivo y **al final** voy al cine.
Danach gehe ich zum Sportplatz und zum Schluss gehe ich ins Kino.

Mit den Zeitadverbien kannst du beschreiben, wie Ereignisse und Handlungen aufeinander folgen. Sie stehen immer mit einem Verb.

Después del curso Ana siempre va a la plaza.
Nach dem Kurs geht Ana immer zum Platz.

Después de kann auch vor einem Substantiv stehen.

46 Die indirekten Objektpronomen me, te und le | Los pronombres indirectos me, te y le ▶ U7 / A, p. 117

Mis amigos siempre **me** cuentan muchas historias.
*Meine Freunde erzählen **mir** immer viele Geschichten.*
Te mando un mensaje.
*Ich schicke **dir** eine Nachricht.*
Los abuelos de Ana **le** escriben una carta.
*Die Großeltern von Ana schreiben **ihr** einen Brief.*
Los amigos de Tomás **le** mandan un regalo.
*Die Freunde von Tomás schicken **ihm** ein Geschenk.*

Du kennst die Objektpronomen **me, te** und **le** schon vom Verb **gustar**. (→ p. 31, § 36)

Um „mir", „dir", „ihm" und „ihr" zu sagen, brauchst du die indirekten Objektpronomen.
– **Me** entspricht dem deutschen „mir",
– **te** entspricht dem deutschen „dir" und
– **le** entspricht den deutschen Objektpronomen „ihm" und „ihr".

Vervollständige die Sätze mit den indirekten Objektpronomen **me, te** und **le**. ▶ soluciones, p. 48
1. (a ti): ¿[...] gusta escuchar música?
2. (a mí): Mis padres no [...] preguntan.
3. (a él): Sus amigos [...] mandan una postal.
4. (a ella): La madre de Ana [...] escribe una postal.

Hier kannst du überprüfen, was du in der Unidad 7 gelernt hast. Diese Aufgaben kannst du mithilfe des Webcodes Apu1-GH-07 unter www.cornelsen.de/webcodes herunterladen und ausfüllen.

1 Ergänze mit den passenden Formen von ir.

1. Los chicos [...] a casa.
2. ¿Qué hacemos? ¿[...] a la playa?
3. Yo [...] al parque. Chicos, ¿[...] allí también?
4. No me gusta [...] en metro.
5. Pablo, ¿adónde [...]? –[...] a la plaza.

6. Ahora tengo que [...] al colegio.
7. Mateo, ¿por qué no [...] al estadio? –Porque no quiero [...] allí.
8. Marisol [...] a casa de su amiga.

2 Bilde Sätze im Futur.

1. a sus padres. / Nico / llamar
2. ver / los chicos / en el cine / una película.
3. para el examen. / Julia / estudiar
4. hacer [nosotros] / deporte / mañana. / no

5. a vuestra abuela? / ¿cuándo / chicos, / visitar
6. mis amigos y yo / una excursión / hacer / en piragua.
7. Mateo / ir / y sus amigos / a la playa.
8. en Madrid. / pasar / mis padres / las vacaciones / y yo

3 Bilde aus je zwei zueinander passenden Sätzen einen Relativsatz mit que.

Ejemplo: 1. Ángel es un profesor que hace clases interesantes.

1. Ángel es un profesor.
2. Mis amigos me escriben mensajes.
3. En mi calle vive un chico.
4. ¿Por qué no estudias para el examen?
5. Busco las cosas.
6. Leo muchos libros.
7. Mi abuelo tiene una casa.
8. Mi madre llama a su amiga.

a. Los mensajes son muy divertidos.
b. La casa me gusta mucho.
c. Tienes el examen mañana.
d. La amiga vive en Barcelona.
e. Encuentro los libros en la biblioteca.
f. El profesor hace clases interesantes.
g. El chico es de Alemania.
h. Necesito las cosas para el colegio.

4 Verbinde die Sätze mit den Konjunktionen cuando (2x), pero, por eso, porque (2x) oder y.

1. No voy al cine [...] no me gusta la película.
2. Siempre vamos al Retiro [...] estamos en Madrid.
3. Javier no tiene hambre [...] no quiere comer su bocadillo.
4. Mateo viene a mi fiesta [...] Nico viene también.
5. Mis padres siempre me compran un helado [...] pasamos un día en la playa.
6. Voy al quiosco [...] quiero comprar una revista.
7. Quiero quedar con mis amigos [...] tengo que ir al pueblo de mi abuela.

5 Ergänze die Sätze mit den Zeitadverbien primero, luego, después und al final.

1. En Madrid siempre hacemos muchas cosas, pero [...] siempre vamos al Retiro para terminar el día.
2. [...] de la fiesta los chicos van a casa.
3. Alejandro, ¿vamos a la plaza? –Ahora no puedo, [...] tengo que estudiar.
4. Primero haz tus deberes y [...] ordena tu habitación, por favor.

Aussprache und Betonung

Die Aussprache ist im Spanischen sehr regelmäßig. Einige Buchstaben oder Buchstabenkombinationen werden aber anders ausgesprochen als im Deutschen.

a Konsonanten

Barcelona, Valencia	mit ganz weichem **b**, das fast wie ein **w** klingt. Bei der Aussprache ist zwischen beiden Konsonanten kein Unterschied zu hören.
la **c**asa, **c**on	vor **a** und **o** wie **k** in *kilo*
el **c**entro, la bi**c**i	vor **e** und **i** wie **th** im englischen *bath*
charlar, el **ch**ico	wie **tsch** in *klatschen*
genial, el **g**imnasio, el **g**ato	vor **e** und **i** wie **ch** in *machen* – vor allen anderen Buchstaben wie ein deutsches **g**
el **h**ambre, el **h**elado	wird nicht ausgesprochen
el **j**amón, el **j**ueves	wie **ch** in *machen*
se **ll**ama, **ll**evar	wie **j** in *Jacke*
que	wie **k** in *kilo*
el **r**egalo, pe**r**o	wird gerollt
el pe**rr**o	wird länger gerollt als das einfache **r**
y, vo**y**	alleinstehend und am Wortende wie **i**
ya, **y**o	am Wortanfang und im Wort wie **j** in *Jacke*
el **z**umo	wie das englische **th** in *bath*

b Vokale

b**ie**n, tamb**ié**n	I und e bilden einen einsilbigen Doppellaut (Diphthong), wobei du das **e** betonen musst. **Ie** klingt dann wie **je** in *Jens*.
el **eu**ro	E und u bilden einen einsilbigen Doppellaut (Diphthong), wobei du das **e** betonen musst. Das klingt dann ein bisschen wie *Leo*, bloß mit **u**.
v**ai**s, b**ue**no, p**ue**do,	A, e und o in Verbindung mit einem **i** oder **u** bilden einen Doppellaut (Diphthong) und werden als <u>eine</u> Silbe gesprochen.
el mus**eo**, el t**ea**tro	Sind zwei aufeinander folgende Vokale a, e oder o, so bilden sie <u>zwei</u> Silben (**mu-se-o, te-a-tro**).

2 Betonung und Akzent | La acentuación

mo-<u>men</u>-to
es-cu-<u>cha</u>-mos
<u>si</u>-guen

Wörter, die auf Vokal, **-n** oder **-s** enden, werden auf der vorletzten Silbe betont.

pa-<u>sar</u>
co-<u>mer</u>
pa-<u>red</u>

Wörter, die auf Konsonant enden (außer **-n** und **-s**!), werden auf der letzten Silbe betont.

<u>mó</u>-vil
<u>fá</u>-cil
tam-<u>bién</u>

Gibt es einen Akzent, wird immer die Silbe betont, in der sich der Akzent befindet.

¡Qué bonito!
¡Quién es!
¿Adónde vas?
¿Qué lees?
¿Cuándo vuelves?

¡**Qué fácil!** Ausrufewörter und Fragewörter haben immer einen Akzent!

he-la-de-<u>rí</u>-a

❗ Wenn **i** vor einem Vokal einen Akzent trägt, wird es als eine ganze Silbe gesprochen.

ha-bi-ta-<u>ción</u> /
ha-bi-ta-ci-<u>o</u>-nes
ja-<u>món</u> / ja-<u>mo</u>-nes

<u>jo</u>-ven / <u>jó</u>-ve-nes
ex-<u>a</u>-men / ex-<u>á</u>-me-nes

❗ Bei einigen Wörtern fällt der Akzent im Plural weg oder es wird einer hinzugefügt. Lerne hier die Schreibweisen von Singular und Plural auswendig.

Verben

Hier findest du die Konjugationen oder Konjugationsmuster aller Verben, die du in *¡Apúntate! 1* gelernt hast.

1 Die Hilfsverben | Los verbos auxiliares

infinitivo	**ser**	**estar**	**haber**
presente	**soy**	**estoy**	
	eres	estás	
	es	está	**hay**
	somos	estamos	
	sois	estáis	
	son	están	
imperativo	**sé**	está	
	sed	estad	

2 Die regelmäßigen Verben auf -ar/-er/-ir | Los verbos regulares en -ar/-er/-ir

infinitivo	**hablar**	**comer**	**vivir**	**!**
presente	hablo	como	vivo	**salir: salgo**, sales ...
	hablas	comes	vives	
	habla	come	vive	
	hablamos	comemos	vivimos	
	habláis	coméis	vivís	
	hablan	comen	viven	
imperativo	habla	come	vive	**salir: sal**
	hablad	comed	vivid	

Orthographische Besonderheiten:
Bei Verben auf **-ger** wird in der 1. Person Singular Präsens das **g** in ein **j** verwandelt.

infinitivo	**coger**
presente	cojo
	coges
	coge
	cogemos
	cogéis
	cogen
imperativo	coge
	coged

Verben

3   Gruppenverben | Grupos de verbos

a Diphthongverben: e → ie | Los verbos con diptongación: e → ie

infinitivo	pensar	querer	❗
presente	pienso piensas piensa pensamos pensáis piensan	quiero quieres quiere queremos queréis quieren	**tener: tengo,** tienes… **venir: vengo,** vienes…
imperativo	piensa pensad	quiere quered	**tener: ten,** tened **venir: ven,** venid
	ebenso: cerrar, empezar	*ebenso:* preferir	

b Diphthongverben: o → ue |
Los verbos con diptongación: o → ue

infinitivo	contar	poder
presente	cuento cuentas cuenta contamos contáis cuentan	puedo puedes puede podemos podéis pueden
imperativo	cuenta contad	
	ebenso: encontrar	*ebenso:* llover, dormir

c Die Verben mit Vokalschwächung: e → i |
Los verbos con debilitación vocálica: e → i

infinitivo	seguir
presente	sigo sigues sigue seguimos seguís siguen
imperativo	sigue seguid

4   Die unregelmäßigen Verben | Los verbos irregulares

infinitivo	hacer	ir	ver
presente	hago haces hace hacemos hacéis hacen	voy vas va vamos vais van	veo ves ve vemos veis ven
imperativo	haz haced	ve id	ve ved

Grammatische Begriffe

el	adjetivo	Eigenschaftswort, Adjektiv	grande, majo, interesante
el	adverbio	Adverb	siempre, muy
el	adverbio temporal	Zeitadverb	primero, luego, después
el	artículo determinado	bestimmter Artikel	el móvil, las chicas
el	artículo indeterminado	unbestimmter Artikel	un chico, una amiga
la	conjunción	Konjunktion, Bindewort	y, o, pero, porque
la	consonante	Mitlaut, Konsonant	b, c, l, r
el	determinante demostrativo	hinweisender Begleiter, Demonstrativbegleiter	este chico, esa chica
el	determinante indefinido	unbestimmter Begleiter, Indefinitbegleiter	muchos chicos, poca gente
el	determinante posesivo	besitzanzeigender Begleiter; Possessivbegleiter	mi, tu, su, nuestro/-a, …
	femenino, femenina	weiblich, feminin	la amiga
la	forma irregular	unregelmäßige Form	soy, hago, ¡sal!
el	futuro inmediato	unmittelbares Futur	voy a estudiar
el	género	Geschlecht, Genus	el libro (masculino), la clase (femenino)
el	imperativo	Befehlsform; Imperativ	trabaja, trabajad; haz
el	infinitivo	Grundform (des Verbs), Infinitiv	llegar, vivir
	masculino, masculina	männlich, maskulin	el vídeo
la	negación	Verneinung	no trabaja
el	número	Zahl, Numerus	la mesa (singular), las sillas (plural)
los	números ordinales	Ordnungszahlen	primero, segundo, tercera
la	oración relativa	Relativsatz	La chica que vive en Valencia se llama Ana.
la	persona	Person	[yo] hablo (1. Person Singular)
el	plural	Mehrzahl, Plural	amigos, casas
la	preposición	Verhältniswort, Präposition	a, de, por, para, delante de
el	pronombre de complemeto (in)directo	(in)direktes Objektpronomen	me, te, le
el	pronombre demostrativo	hinweisendes Pronomen, Demonstrativpronomen	este, esa
el	pronombre interrogativo	Fragepronomen	¿qué?, ¿dónde?
el	pronombre personal sujeto	Subjektpronomen	yo, tú, él
el	pronombre relativo	Relativpronomen	que
el	singular	Einzahl, Singular	amiga; profesor
el	sustantivo	Substantiv (auch: Nomen)	chico, plaza
el	verbo	Zeitwort, Verb	dormir, hablar, comer
el	verbo modal	Modalverb	poder hablar, tener que estudiar
la	vocal	Selbstlaut, Vokal	a, e, i, o, u

Index

Index

Lösungen

Unidad 1

p. 6: 1. las cafeterías; 2. los chicos; 3. las clases; 4. los profesores; 5. las tardes; 6. los parques

p. 7: 1. es; 2. son; 3. eres, soy; 4. sois, somos

p. 8: 1. tú, yo; 2. Ella; 3. vosotras, nosotras; 4. ellos

p. 9: 1. Chateas; 2. Estudiáis; 3. Busco; 4. Escuchamos; 5. Habla; 6. Quedan

p. 9: 1. Quiénes; 2. De dónde; 3. De dónde; 4. Quién

Unidad 2

p. 11: 1. un; 2. una; 3. –; 4. una; 5. –; 6. un

p. 12: 1. está; 2. estás; 3. estamos; 4. están; 5. estáis; 6. estoy

p. 12: 1. hay; 2. están; 3. está; 4. hay

p. 13: 1. del; 2. de; 3. de; 4. del; 5. de; 6. del

p. 13: 1. en la estantería; 2. entre los libros; 3. delante del escritorio; 4. detrás del quiosco; 5. debajo de los cuadernos; 6. al lado de la casa

p. 14: 1. discutimos; 2. como; 3. leéis; 4. comparten; 5. bebes; 6. abre; 7. escondéis; 8. escribes

p. 15: 1. No, no soy Lucía.; 2. Pascual no estudia.; 3. Lars no estudia español.; 4. No, Emilio no está aquí.

Unidad 3

p. 17: 1. quiere; 2. queréis; 3. queremos; 4. quieres; 5. quieren; 6. quiero

p. 18: 1. tiene; 2. tienen; 3. tenéis; 4. tienes; 5. tenemos; 6. tengo

p. 19: 1. mi abuela; 2. sus conejos; 3. tus mascotas; 4. su pueblo; 5. mis primas; 6. tu gato

p. 20: 1. dos perros divertidos; 2. una profesora estricta; 3. casas grandes; 4. las clases difíciles; 5. la plaza preciosa; 6. una amiga fenomenal

Unidad 4

p. 22: 1. nuestros profesores; 2. sus libros; 3. vuestra amiga; 4. su bocadillo; 5. nuestra casa; 6. vuestros primos

p. 23: 1. Son las nueve menos cuarto.; 2. A las once y media.; 3. Es la una y diez.; 4. Son las cuatro menos diez.; 5. A las seis (en punto).; 6. Son las nueve y veinticinco.

p. 24: 1. De martes a jueves; 2. a las cinco de la tarde; 3. Por la noche; 4. desde las ocho y media hasta las dos; 5. Los viernes; 6. El miércoles

p. 25: 1. ¿cuántos amigos?; 2. ¿cuánta música?; 3. ¿cuánto zumo?; 4. ¿cuántos profesores?; 5. ¿cuántas tardes?; 6. ¿cuánta suerte?

p. 26: 1. salen; 2. salgo; 3. salen; 4. salís; 5. salimos; 6. sale

p. 26: 1. esas sillas; 2. este gato; 3. esos perros; 4. ese diario; 5. estas mochilas; 6. este boli

Unidad 5

p. 28: 1. vas; 2. va, voy; 3. vais; 4. vamos; 5. van

p. 29: 1. al teatro; 2. a la fiesta; 3. al gimnasio; 4. a la habitación; 5. al salón; 6. al trabajo

p. 29: 1. hacen; 2. hago; 3. hacemos; 4. haces; 5. hace; 6. hacéis

p. 30: 1. encuentra; 2. podéis; 3. encuentras; 4. cuentan; 5. podemos; 6. puedo; 7. encuentran; 8. encuentras

p. 31: 1. –; 2. a; 3. a; 4. a

p. 32: 1. me gustan; 2. le gusta; 3. te gustan; 4. le gusta;

Unidad 6

p. 34: 1. mucha; 2. poco; 3. pocos; 4. pocos; 5. mucho; 6. pocos; 7. muchas mascotas divertidas 8. pocas fotos interesantes

p. 35: 1. Busca; 2. Ven; 3. Haz; 4. Sal; 5. Encuentra; 6. Cierra

p. 35: 1. siguen; 2. sigue; 3. seguís; 4. seguimos

p. 36: 1. vienen; 2. vienes; 3. vienes – vengo; 4. va

Unidad 7

p. 38: 1. vamos a salir; 2. vas a estudiar; 3. no va a venir; 4. voy a llamar; 5. van a quedar; 6. vais a ir

p. 38: 1. Cuando las vacaciones empiezan vamos al pueblo de mis tíos.; 2. Cuando estoy en el pueblo quedo con mis amigos en la plaza.; 3. Cuando hace mal tiempo quedamos en la cafetería de la plaza.; 4. Cuando hace sol paso la tarde en la playa.

p. 39: 1. Ana tiene una abuela que vive en una granja.; 2. Diego es un chico que lee mucho.; 3. Valencia es una ciudad en España que tiene muchos museos.; 4. El Retiro es un parque que está en Madrid.

p. 39: 1. Te; 2. me; 3. le; 4. le